Guía Completa De Facebook Marketing

DINAMITANDO
Facebook

FANPAGE   360   ADS   API

Antonio Zambrano

DINAMITANDO

Facebook

Antonio Zambrano

www.antoniozambrano.com

DINAMITANDO

FACEBOOK

Antonio Zambrano

CopyRight©-AntonioZambrano2017

www.antoniozambrano.com

"Un ratón cambio mi vida"

Título: DINAMITANDO FACEBOOK

© 2017, Antonio Zambrano

© De los Textos: Antonio Zambrano

Ilustración Portada: Antonio Zambrano

Revisión de Estilo: www.antoniozambrano.com

1ª edición

www.antoniozambrano.com

ÍNDICE

www.antoniozambrano.com

1.- Introducción: Cómo conseguir tráfico web desde Facebook – Guía Completa

Facebook cuenta con aproximadamente 900 millones de usuarios activos mensuales y 500 millones de internautas activos diarios, cifras que convierten a este gigante del internet, en la red social que más cantidad de usuarios posee actualmente, con un total de 1400 millones.

Estos datos han hecho que las marcas de todo el mundo centren sus estrategias de marketing de social media en esta plataforma digital. ¿Por qué? Pues aparte de contar con la mayor cantidad de usuarios, también dispone de un conjunto de herramientas que viabilizan los objetivos de las firmas.

Gracias a su capacidad de interacción con los internautas, la conexión que se pueden generar con otros sitios web, así como también permiten segmentar los usuarios a los que se quiere dirigir la campaña, entre otras bondades.

¿Cómo generar más visitas en otros sitios web desde Facebook?

Este eBook es una guía completa para ayudar a los negocios con presencia en internet a conseguir más tráfico web desde esta red social, ya que se profundiza información de valor acerca de un cúmulo de funcionalidades de esta plataforma, que son muy útiles para darle viabilidad a una campaña de marketing online.

En definitiva, el conocimiento compartido en esta guía puede ser de gran ayuda para orientar a las marcas sobre cada uno de los componentes que se deben tener en cuenta para aumentar el tráfico de su portal web desde Facebook y viceversa.

www.antoniozambrano.com

Estética y fanpage, fotos 360

La estética puede referirse a la percepción de la belleza y lo atractivo, por ello, este término está estrechamente asociado con el mundo del arte, e inclusive se considera como una disciplina filosófica, ya que reconocidos intelectuales, entre ellos Platón, han abordado conceptos estéticos en múltiples de sus pensamientos.

Lo cierto es que la estética está presente en distintas ramas del ejercicio humano, por ejemplo en la medicina, la creación de indumentaria, el deporte profesional, el ámbito corporativo, hasta en el extenso mundo virtual, como las imágenes que le proporcionan un carácter estético a las páginas web, blogs,e incluso fanpages.

La estética en las fan pages: el rostro de una marca en Facebook

Las fanpages son plataformas creadas por Facebook que tienen como objetivo promocionar una marca a fin de generar un mayor impulso, por lo que ofrecen múltiples herramientas útiles para alcanzar una gran exposición, permitiendo la interacción entre el negocio y sus seguidores, a través de textos, vídeos o imágenes.

La estética juega un rol importante

Para lograr los objetivos que plantea el uso de las fanpage, se debe tener muy en cuenta la estética, ya que será la carta de presentación de una organización en esta plataforma, en efecto, será el rostro o la imagen de la marca corporativa.

Y ¿por qué? ¡Simple! Las redes sociales son meramente visuales.

Ahora bien, la imagen de una marca no se resume solo en la creación de un logotipo, por ello, es imperativo definir un manual de estilo, donde se precisen cada uno de los elementos gráficos que deben poseer propiedades diferenciadoras y que conserven una unidad formal y funcional para facilitar y amenizar la captación del mensaje.

La aplicación del componente estético en las fanpages tendrá una gran repercusión en factores como:

- **La calidad: cuando una empresa en las redes sociales proyecta una** excelente estética en su imagen corporativa, simboliza prestigio, genera confianza y crea notoriedad.

- **Diferencia de la competencia:** al contar con una imagen propia basada en una buena estética, y que además refleje la importancia y los valores de la firma, marcará un punto diferenciador respecto a las otras empresas.

- **Mayor atención:** un excelente diseño estético permite obtener nuevos seguidores y captar usuarios que se sientan atraídos por elementos completamente visuales desde un principio.

Vale destacar, que un manual de estilo empresarial supone definir el lenguaje, el diseño de los textos corporativos y el tono con el que te vas a dirigir a los usuarios, así como también precisar la estrategia de redacción que emplearás en cada imagen.

2.- Componentes estéticos que debe tener una FanPage

Si bien los usuarios en internet tienen diferentes gustos o preferencias, que giran en torno a sus criterios estéticos, existen una serie de reglas que deben imperar en la escala de prioridades para convertir una fanpage corporativa en un atractivo visual.

Fluidez

La imagen de portada de la fanpage es el primer elemento que visualizan los usuarios, incluso primero que el contenido que se divulga en la plataforma.

¿Qué significa esto? Básicamente que el diseño de la portada tiene que ser sencillo y fácil de captar para los seguidores, además tiene que tener sentido y ofrecerle a los usuarios lo que desean percibir de la marca.

Todo de una forma fluida y ordenada.

Branding

Cada uno de los elementos gráficos que se comparten en una fanpage, tienen que reflejar la personalidad de la marca. También es indispensable ubicar el logotipo de la empresa en cada imagen (como marca de agua) y utilizar los colores de la compañía.

En cuanto a la utilización de los colores, se deben emplear tonos en los diseños que no causen ruido visual en los usuarios.

Tienen que transmitir un aura positiva a los seguidores y estimular el estado de ánimo de ellos, bien sea para que realicen una compra o aprecien creaciones artísticas a través de la plataforma.

Los colores reflejan la energía de una fanpage.

Utilice imágenes autenticas

La originalidad también es un factor elemental que debe predominar en la estética de una fanpage. No es recomendable usar o compartir imágenes estereotipadas donde se exhiban personas sonrientes, luciendo trajes y corbatas, ni presumir de ambientes que no van en consonancia con su entorno empresarial.

Por ejemplo: colocar imágenes o fondos de una playa, cuando su negocio es de producción automotriz.

La mejor opción es inclinarse por fotos personalizadas donde aparezcan empleados que trabajan en la empresa y realizan tareas reales, o puedes optar por proyectar productos que la firma ofrece.

Equilibrio

Es primordial que los diseños tengan un balance en función de la cantidad de elementos que se van a introducir en una imagen,no incluir mucho texto, pero sí plasmar un título o una frase cautivadora que llame a la acción, tampoco es aconsejable incorporar una gran cantidad de componentes o sobrecargar los banners con muchos colores.

Esto hará que tu fanpage tenga una estética más profesional, el equilibrio del contenido gráfico es crucial para captar la atención de los usuarios.

Comunicación

Existe una frase muy popular alrededor del mundo que plantea lo siguiente: 'una imagen dice más que mil palabras', pero ¿qué tan acertado es este refrán? ¡Muchísimo! Y a pesar de que sea una expresión muy empleada, antes de usar imágenes o banners en la fanpage, hay que evaluar que se están utilizando las señales correctas para transmitir un mensaje claro, preciso y acorde a la filosofía institucional de la empresa.

Los elementos comunicacionales dentro de una imagen son de vital importancia, pues estos serán los encargados de construir el mensaje que se desea transmitir.

Flexibilidad

Una de las características de la fanpage es que su formato sea actualizado periódicamente, lo que denota que una marca debe tener la capacidad de adaptarse a los cambios que Facebook realice en la plataforma, y buscar sus puntos más fuertes para sacarles provecho al máximo, bien sea para fomentar los componentes estéticos y aprovechar nuevas oportunidades de promoción e interacción con los usuarios.

Consejos para optimizar tu fanpage:

- Poseer una buena imagen de portada.

- El logotipo de la empresa tiene que estar presente en cada imagen, además debería usarse como imagen de perfil.

- La imagen de portada se debe reemplazar de manera periódica, en conjunto con las otras cuentas de redes sociales enlazadas con la fanpage.

- No es recomendable cambiar las portadas para promocionar un nuevo producto o hacer ofertas temporales. Aunque en algunas temporadas del año sí es necesario diseñar otras portadas, como en los carnavales y en navidad.

- Utilizar siempre los mismos colores y tipografías en cada imagen o banner, para que los clientes identifiquen la personalidad de la firma.

En síntesis, la estética en la fanpage es uno de los factores más cruciales para conseguir nuevos seguidores o clientes, pues una vez que se aplican correctamente los parámetros mencionados anteriormente, la marca podrá ampliar sus posibilidades de comunicarse con los usuarios, incrementar su visibilidad.

También le permitirá extraer conclusiones en pro de optimizar o poner en marcha nuevas campañas de marketing, así como potenciar la firma en internet y le despejará el camino a la empresa para la creación de ofertas especiales, concursos, y anuncios, con la calidad que demandan los internautas.

3.- Fotos 360 en Facebook

Durante la segunda semana de junio de 2016, la red social de Mark Zuckerberg sorprendió al mundo tras informar que los usuarios ya podrían compartir fotos 360 grados en Facebook.

Una actualización que permite promover una nueva forma de interacción entre los 1600 internautas que tiene la plataforma actualmente, permitiéndoles mostrar diferentes perspectivas del mundo.

Fotos 360: ¿una novedosa forma para atraer tráfico?

Si bien las fotos 360 grados hacen posible destacar la inmensidad de un paisaje, exaltar la hermosura de un ambiente paradisiaco o simplemente retratar un momento especial para una persona.

También existen Pymes y grandes empresas que están ostentando cámaras que permitan capturar este tipo de imágenes, para darle una mayor visibilidad a sus productos a través de sus tiendas virtuales.

Sin embargo, hasta entonces no existían redes sociales que posibilitaran explotar este campo en plataformas de social media, con el anuncio hecho por el mismísimo Mark Zuckerberg, se abre camino a una nueva forma para que las marcas atraigan tráfico a sus cuentas de fanpages con el uso de estas imágenes.

Diversos estudios han desvelado que el 58,03% de los cibernautas prefieren visualizar un producto a través de una foto 360 grados, ya que estas imágenes fungen como una manera novedosa de mostrar los artículos o los diferentes espacios de un negocio, además son agradables a la vista y puede ser un elemento que permitan diferenciar a una marca de la competencia.

www.antoniozambrano.com

¿Qué se debe hacer para publicar una foto 360 en Facebook?

El primer aspecto a considerar es que no todos los teléfonos inteligentes poseen la opción de hacer capturas en 360 grados, pues los dispositivos de alta gama son los únicos que tienen incorporada esta funcionalidad.

Esto significa que las personas que deseen obtener imágenes de esta modalidad con otros terminales tendrán que descargar la app '360 foto' o cualquier otra que lo permita obtener estas imágenes.

Después, se debe capturar una imagen panorámica con el dispositivo móvil, mediante una aplicación o a través de una cámara capaz de soportar este formato, para después subirla a Facebook de manera normal.

Seguidamente, se debe buscar el icono de brújula en el costado derecho de la foto. Además, para explorar una foto 360 en el teléfono inteligente, se tiene que pulsar o arrastrar la imagen, o también mover el dispositivo. Mientras que en un computador de escritorio solamente se le da un clic y arrastrar la captura.

Esta herramienta, sin duda alguna será un medio que supone nuevas oportunidades para que los usuarios y las marcas promuevan la creatividad.

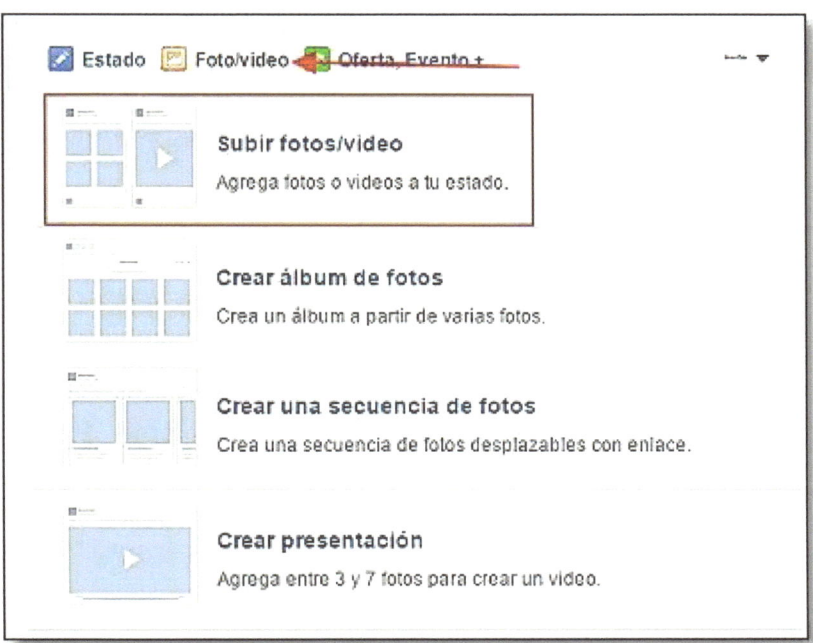

¿Cómo hacer buenas fotos en 360°

Es importante destacar que cualquier celular inteligente que posea giroscopio, puede tomar fotografías con efecto 360, y subirlas a Facebook. Sin embargo, ¿cómo obtener una buena imagen de este tipo? ¡Simple! Siguiendo estos pasos:

➢ **Subirlas a Facebook?**

● **Hacer una buena captura, ¿cómo?**

Las apps que sirven para hacer fotos 360 realizan las capturas continuamente, es decir, toman todo el panorama en 360° y luego las "une", creando una imagen realista.

Ahora bien, cuanto mejor sea el pulso, mejores serás los resultados, así que la clave es sujetar el dispositivo móvil con ambas manos, arqueando los brazos contra el pecho y girando todo el cuerpo mientras la app lo va solicitando.

Vale resaltar, que no es lo mismo utilizar la función panorámica ya que las fotografías en esta función abarcan sólo 180°.

● **Mejor en posición vertical**

Para las fotos 360 grados, es recomendable tomarlas verticalmente, debido a que este tipo de imágenes poseen intervalos menores, lo que denota que las variaciones entre una captura y otra, tengan menos irregularidades.

● **Toma en cuentas las condiciones**

Dado la manera en que funcionan las apps para hacer fotos 360º, es aconsejable que el objeto que se vaya a retratar tenga poco movimiento. Por ello, es común que este tipo de imágenes luzcan muy bien cuando se aplican en un paisaje natural abierto.

- **Para subirla a Facebook**

Al momento de que termines de hacer la captura en 360º, hay que cerciorarse de que posees la versión de la aplicación de Facebook totalmente actualizada, y desde el cambio de estado hacer tap en 'Foto'.

Luego tras abrir la galería, es necesario asegurarse de que la imagen habilitada para publicar en modo realidad virtual se muestra con un diminuto ícono esférico, y finalmente, se podrá seleccionar la imagen que se pretende subir.

Finalmente, es primordial dilucidar que cualquier foto que Facebook capte con más de 100 grados de amplitud, será considerada como una imagen apta para 360º, de manera que el modo de captura panorámica alcanzaría.

Sin embargo, a pesar de que la haya reconocido de esa forma y permita publicarla en la plataforma en modo realidad virtual, a la foto igualmente le faltará una parte, por lo que no se apreciará completamente y el corte será notable.

4.- VideoConferencias

El video live vía streaming se ha popularizado tanto, que hoy en día se ha convertido en un instrumento indispensable para que las marcas forjen una mejor interacción con los clientes, siendo la social media uno de los canales más empleados para construir o fortalecer su relación con los usuarios.

Facebook, que sin lugar a dudas es una de las plataformas más usadas por las marcas para promocionar sus productos, incorporó en abril del pasado 2016 su servicio de transmisión de video en directo para perfiles personales y fanpage, conocido como Facebook Live, una función que anteriormente estaba disponible para las cuentas de artistas y figuras públicas de algunos países.

¿Qué es Facebook Live?

Tras ser testigos de cómo Snapchat, Meerkat y Periscope, ganaron mayor reconocimiento en el mundo del internet gracias al streaming, la red social fundada por Mark Zuckerberg también decidió adentrarse en la dimensión de las transmisiones de videos en vivo, con el lanzamiento de Facebook Live.

Actualmente, esta función ya está incorporada a la aplicación nativa de Facebook, lo que significa que no se requiere descargar una app adicional para disfrutar de sus beneficios.

Hacer video live en Facebook en 3 sencillos pasos:

- Para hacer video live o transmitir en directo a través de esta plataforma solo se debe ingresar en la red social y ubicar la sección para publicar. Inmediatamente observarás el ícono de streaming, actividad, imagen, etc.

- Luego se debe realizar una descripción breve y precisa de lo que tratará la transmisión en vivo. Esta publicación aparecerá en el timeline de los clientes o seguidores, por lo que se aconseja escribir la información de una forma atractiva, cuidando los errores ortográficos y la sintaxis de la redacción.

- Al escribir la descripción puedes proceder a transmitir en directo. En caso de que el usuario esté desde la aplicación móvil, existe la opción de utilizar la cámara frontal o la exterior para mostrar el entorno.

5.- ¿Cómo funciona Facebook Live?

Al hacer streaming en Facebook Live será posible observar la cifra de espectadores que están disfrutando de la transmisión en directo, y a su vez se podrán ver los comentarios.

Todo esto en tiempo real. Además, durante la sintonía los seguidores o clientes de la marca tendrán a su alcance un botón de suscripción para recibir notificaciones cuando se haga video live nuevamente.

Otras características relevantes acerca de cómo opera esta función al momento de hacer video live son:

- Permite realizar transmisiones que duran hasta 90 minutos.

- En el caso de las cuentas personales, una de las características que más destaca es que tienen la posibilidad de escoger el público que podrá acceder a la transmisión en vivo.

- En las fanpages o páginas para marcas no existen opciones de personalización de audiencia. Esto significa que la transmisión podrá ser vista por todos los seguidores o clientes.

- Se pueden bloquear usuarios durante el desarrollo de la transmisión. Solo se debe tocar la foto de perfil del internauta que emitió un comentario inapropiado y luego hacer clic en bloquear.

- Los usuarios tendrán la oportunidad de interactuar mediante las distintas reacciones de Facebook o publicando sus comentarios.

- Al culminar la transmisión, el video se almacenará automáticamente como cualquier otra publicación en Facebook. De manera que es posible compartir el video en otras plataformas de social media, introducirlos en post o eliminarlo si el usuario lo desea.

- Cuando el video se guarda en las publicaciones, se puede ingresar a las estadísticas a fin de saber cuántos usuarios sintonizaron la transmisión y las interacciones que se generaron.

Beneficios de hacer videolive en Facebook:

- Los seguidores de la marca podrán visualizar la transmisión en directo desde la sección de noticias, sin necesidad de tener que redirigirse a otro sitio o app.

- La transmisión es notificada a los seguidores de la marca.

- Hacer video live con esta función es muy fácil, además su uso es totalmente gratuito para todos los usuarios de Facebook.

- Brinda la oportunidad de conectar con todo el mundo, abriendo las posibilidades de llegar a otros mercados, ya que esta red social es una plataforma utilizada por millones de personas en el mundo.

- Proporciona una mayor credibilidad y genera más confianza. Que los consumidores logren observar y escuchar la voz de una persona, es clave para que los usuarios se sientan más seguros.

- Hacer video live en Facebook permite que la dinámica de respuesta ante cualquier consulta o duda sea más divertida y casi que inmediata.

- Se pueden conocer las inquietudes o problemas que los clientes presenten conforme al producto o servicio ofrecido por la marca.

- Esto representa un gran beneficio, ya que identificar y solventar los inconvenientes de los consumidores se traduce en crecimiento y mayor reputación.

- Gracias a la función de Facebook Live, puedes transmitir videos en directo a través de la computadora, tablets o teléfonos inteligentes.

En resumen, el video live en Facebook puede ser una estrategia bastante eficaz para conseguir tráfico desde esta plataforma, gracias a que produce un acercamiento muy importante entre empresa y cliente.

Tácticas para impulsar una marca haciendo video live en Facebook

El streaming ha hecho posible que las marcas logren comunicar de forma más efectiva su propuesta y proyectar mayor originalidad, permitiendo que los clientes o seguidores conozcan mejor la empresa hasta el punto de que se sientan identificados con la personalidad del negocio.

Para alcanzar este objetivo haciendo videolive en Facebook, es recomendable poner en práctica algunas de estas estrategias a fin de comenzar a construir contenido de valor y generar más tráfico a la tienda virtual o sitio web de la marca:

Humaniza la marca

Exhibir otro rostro de la empresa, más allá de un sitio web o los mensajes publicados en la red social, le conferirá una personalidad más humana a la marca.

Por lo que usar Facebook Live para mostrar cómo se trabaja en el negocio, por ejemplo,realizando entrevistas a los empleados, es un componente que promueve confianza en los seguidores. Solo hay que hallar un elemento relevante para exponer a los usuarios.

Feedback

Si la marca necesita interactuar o generar mayor feedback con sus seguidores, es recomendable realizar sesiones periódicas de preguntas y respuestas con los clientes, puesto que es una manera muy efectiva de dar soporte directamente.

Hacer demostraciones del producto

Esta es una opción fructífera para las marcas nuevas que pretenden encajar su producto en el mercado, deseen dar a conocer nuevos artículos o aspiren alcanzar más clientes potenciales.

Si deseas hacer video live aplicando esta estrategia, es indispensable que realices las demostraciones de una forma autentica y llamativa.

Eventos

Si con frecuencia la empresa organiza, patrocina o asiste a eventos de gran relevancia, se puede optar por transmitirlos en directo a los seguidores.

Comparte historias de clientes satisfechos.

Que la marca realice entrevistas a los consumidores que están contentos con el producto, es una forma de hacerle saber a los potenciales clientes que eres una opción a considerar.

Realmente existen muchas tácticas para promover una marca haciendo video live en Facebook, aunque para tener éxito con el uso de esta herramienta es determinante hallar un aspecto relevante a transmitir, sin embargo, esto dependerá crucialmente de las características de la empresa, del sector en el que incurre y las preferencias del público meta o los seguidores.

La videoconferencia en Facebook

Una videoconferencia o videollamada consiste en la comunicación que un usuario en Facebook establece con otra persona que se encuentra en línea, en efecto, dialogar virtualmente 'cara a cara' con familiares, amigos, colegas o socios.

Esta función de Facebook se ha convertido en un servicio de vital importancia, ya que posibilita a las personas comunicarse en directo, sin importar en que lugar se encuentren, además, para que éstas puedan conversar tienen que estar conectadas en la plataforma.

Sin embargo, en el marco corporativo la videoconferencia ofrece una serie de ventajas significativas.

Ventajas de usar la videoconferencia para una marca:

- Posibilita recrear de forma muy semejante una reunión de negocios, pues las personas en videoconferencia podrán observarse y escucharse en tiempo real, lo que denota que podrán intercambiar como si se encontraran en la sala de reuniones.

- La videoconferencia en Facebook supone una reducción de gastos para las marcas y a su vez un ahorro de tiempo. No se requieren establecer tiempos de desplazamiento para que miembros de la empresa establezcan una reunión virtual a través de un clic.

- Se evitan los efectos secundarios o irregularidades de un traslado profesional, como por ejemplo; logística, alojamiento, retrasos por el desplazamiento o desajuste en el horario.

- Permite obtener mayor rapidez en cuanto a la toma de decisiones. Y es que en ocasiones las distancias geográficas dificultan el encuentro personal entre los miembros de la directiva, de manera que si la marca amerita conversar urgentemente ante una situación en específica, los propietarios o empleados podrán abordar rápidamente los problemas o circunstancias de su negocio, mejorando la eficiencia de la empresa.

Cómo hacer una videoconferencia en Facebook?

Para hacer una videoconferencia en Facebook, primeramente, se debe contar con los siguientes equipos:

- Un ordenador con conexión a Internet.

- Un vídeo Proyector.

- Micrófonos.

- Parlantes.

- Auriculares (no es primordial).

- Una cámara para ver a la persona en la pantalla que refleja el video proyector.

Una vez que se tienen todos los equipos para hacer la videoconferencia en Facebook, solo se debe ingresar a la plataforma, abrir la ventana de chat de la persona o cuenta con la que se desea comunicar, y hacer clic sobre el ícono de la cámara que se observa en la ventana.

6.- Video 360º en Facebook

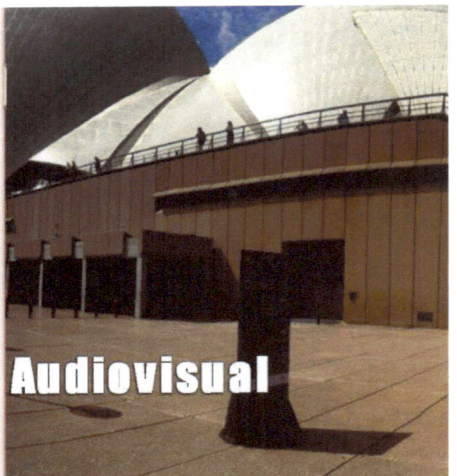

El video 360 grados es uno de esos recursos que las diferentes marcas están incorporando en sus estrategias de marketing, ya que el espectro visual de estos materiales reúnen la totalidad del entorno alrededor de la cámara que se encuentra grabando en todas las direcciones: izquierda, derecha, abajo, arriba y detrás.

Además, pueden emplearse con varios propósitos, bien sea para uso personal, como por ejemplo: capturar algunos momentos y eventos especiales, o para promocionar el servicio o los productos de un negocio, pues la utilización de los videos 360º ya han sido utilizadas por prestigiosas marcas.

¿Qué firmas han utilizado los videos 360º?

Entre las marcas reconocidas mundialmente que han usado los videos 360º en sus campañas publicitarias, resalta; Hugo Boss, que optó por utilizar este formato el pasado 2016 para presentar su catálogo primavera/verano.

Por otro lado, también destaca Star Wars, que impactó a muchos usuarios en Facebook ofreciendo una novedosa experiencia 360 en Star Wars a través de esta plataforma, empleando la fuerza creativa y el ingenio para sorprender a los usuarios de esta red social, quienes comenzaron a disfrutar de esta actualización a partir del último trimestre del año 2015.

Otras afamadas marcas que han usado los videos 360º en Facebook son:

- VICE.
- Discovery.
- Saturday Night Live.
- NBC's.

Los resultados que arroja el video 360º son eficaces, debido que representan una novedosa manera de fortalecer las estrategias publicitarias de aquellas firmas consolidadas o las marcas que desean consolidar su producto en internet.

¿Cómo subir un video 360º?

Según Facebook, en caso de que el video se haya grabado con un sistema de cámara esférica o que añada metadatos de 360º al archivo audiovisual, es posible publicarlo en la plataforma de la misma manera que se haría con un video normal, a tener en cuenta que si el material no se realizó con una cámara que brinde estas características, debes seguir los siguientes pasos:

- Antes de subir el video, haz clic en la pestaña 'Opciones avanzadas'.

- Después haz clic en la casilla e indica que el video se grabó en formato de 360º para que pueda aparecer la pestaña 'Controles de 360º'.

- El siguiente paso consiste en pulsar en la pestaña 'Controles de 360º' a fin de configurar el campo visual del archivo y la orientación inicial de éste.

- Clic en 'Publicar', y el video será compartido a todos los seguidores de la marca.

De esta forma, los usuarios en Facebook podrán experimentar la experiencia de tener una vista panorámica del producto y girar la perspectiva del video de 360° para visualizarlo desde diferentes ángulos.

7.- Facebook Ads (geolocalizado)

La herramienta publicitaria Facebook Ads es uno de los canales promotores online más usados actualmente, debido a que hace posible invertir en publicidad a través de un mecanismo geolocalizado, es decir, permite segmentar al público o escoger la audiencia que sea de mayor interés para la marca.

¿Qué consiguen las firmas con esta herramienta de publicidad?

Rentabilizan al máximo la inversión, y principalmente amplían las posibilidades de convertir al público objetivo en un potencial cliente.

¿Qué es Facebook Ads?

Consiste en una plataforma con la que es posible poner en marcha campañas publicitarias de cualquier modalidad dentro de la red social de Mark Zuckemberg.

Por medio de esta herramienta es posible promocionar no solamente la página de Facebook de una marca, sino también una aplicación, un producto o un sitio web.

En efecto, esta plataforma permite crear anuncios gráficos, textuales y de video, que se exponen en el inicio, fotos y perfil de los usuarios, con tan solo pagar por los clics recibidos.

Su capacidad de generar tráfico geolocalizado

La característica más relevante de Facebook Ads no es que posibilita la creación de distintos tipos de publicaciones sino que también permite geolocalizar el anuncio conforme a los rasgos del target al que se quiere orientar la publicidad. Todo por medio de algunos parámetros, como:

- Sexo.
- Idioma
- País o ciudad de residencia.
- Intereses, costumbres o preferencias del usuario.
- Estado civil.

Se debe tener en cuenta que la geolocalización es la piedra angular de una campaña publicitaria en Facebook Ads, ya que si una marca consigue segmentar al máximo sus anuncios y logra llegar a los usuarios correctos, seguramente dará en el blanco con sus publicaciones.

Ventajas de la publicidad en Facebook Ads

Las ventajas de desarrollar una campaña en Facebook Ads son múltiples. Y es que puedes sacarle provecho por las bondades de publicidad que ofrece:

- Brinda la oportunidad de segmentar detalladamente y adaptar las publicaciones al target que desea abordar una firma, como por ejemplo: dirigir un anuncio de una empresa de marketing online, a un público de entre 21 a 25 años, situados en Barcelona, y que sean seguidores de páginas de la competencia.

- Este sistema de publicidad vía online hace posible que los anuncios proliferen cada vez más entre los amigos de los seguidores de la página. Un punto que representa una ventaja significativa, puesto a que una recomendación es bastante poderosa cuando proviene de una persona ajena a la marca.

- Facebook Ads es muy económico, pues solamente se paga por la cantidad de clics obtenidos. Si se consigue realizar una geolocalización adecuada y hacer un anuncio llamativo, la firma logrará mostrar sus anuncios al público interesado en su producto o servicio.

- Da cabida a la interacción con los usuarios, ya sea mediante la realización de concursos, sorteos, juegos o encuestas. Esto permite conocer los intereses de los internautas para luego utilizarlos a favor de la firma.

Otro punto favorable es que se puede medir el rendimiento de los anuncios de forma automática, gracias a los informes estadísticos que arroja el sistema, permitiéndole a las empresas identificar que publicaciones funcionan o no, a fin de optimizar la campaña publicitaria.

www.antoniozambrano.com

Cómo crear una campaña en Facebook Ads

Llevar a cabo una campaña en Facebook Ads puede parecer sencillo, pero realmente es indispensable tener en cuenta una serie de aspectos que son fundamentales para ampliar las posibilidades de éxito.

Determina el anuncio que deseas promocionar

Existen varias interrogantes que todo negocio debe hacerse para identificar el anuncio que quiere promocionar. Acá algunas preguntas:

- ¿Deseo aumentar la visibilidad de los anuncios para lograr más interacción con los usuarios?

- ¿Quiero promocionar mi página para obtener una mayor cantidad de seguidores?

- ¿Cuál es mi prioridad como empresa? ¿Atraer usuarios a la plataforma, para llevar tráfico a un sitio web externo?

- ¿Necesito incrementar las conversiones en mi sitio web, todo con el propósito de aumentar el número de acciones que un consumidor hace para efectuar una compra o escoger un servicio?

- ¿Qué pretendo, elevar las instalaciones de mi aplicación para llevar personas a la app y, así lograr más descargas o que se genere más interacción con otras aplicaciones?

- ¿Utilizo la geolocalización para llegar a a usuarios que se encuentren cerca de mi negocio, con el objetivo llevarlos hacia mi punto de venta?

- Voy a realizar un evento y ¿necesito más gente que asista?

- ¿Requiero que los consumidores en internet soliciten una oferta, para promocionar una oferta en mi fan page?

- Ya conocen mi marca, pero ¿requiero aumentar las reproducciones de video dentro de mi fan page para crecer en este aspecto y promover aún más una oferta?

- **Selecciona el tipo de anuncio conforme a los objetivos de la marca**

Luego de que la firma se haya formulado estas preguntas y logre identificar qué tipo de anuncio desea promocionar para alcanzar sus objetivos, el proceso de llenar las casillas será más simple porque ya se ha precisado la dirección que se le dará a la publicación.
Esto también te ayudará a escoger la imagen correcta para crear el anuncio.

- **Construye tu anuncio**

Al escoger que texto deseas colocar en la publicación, establecer las fechas tope de la campaña y seleccionar la imagen para hacer la promoción, ya está todo listo para crear el anuncio, pero hay una serie de parámetros que no puedes obviar, por ejemplo: El título no puede sobrepasar los 25 caracteres.

Además, una vez que los hayas construido, se debe realizar una descripción que vaya en consonancia con el objetivo de la publicación.

- La descripción debe tener un tono claro y agradable para los usuarios. Para ello, se tienen que usar un máximo de 90 caracteres para redactar un mensaje que cause un gran impacto en el público.

- Al llegar acá, el siguiente paso se fundamenta en colocarle rostro al anuncio, por lo que es indispensable utilizar una imagen atractiva y de buena calidad, que obviamente refleje tu objetivo, además debe poseer una medida de 120×120 píxeles.

- Es fundamental que el texto de la creatividad no supere el 20% de la imagen.

- ¿Cómo sé si la creatividad sobrepasa el 20% de texto? ¡Sencillo! Facebook brinda un Text Overlay de manera gratuita. Esta herramienta funciona para realizar un cálculo del porcentaje que el texto ostenta en la creatividad.

- Finalmente, se tiene que subir la creatividad y marcar las casillas donde se encuentra el texto.

Cabe destacar que es posible crear la cantidad de anuncios que se desee, sin embargo, es imperativo crear distintos títulos, textos y diferentes imágenes para cada publicación con el propósito de identificar qué tipo de anuncio es el que arroja mejores resultados y así, optimizar la campaña.

- **Echa un vistazo en vista previa**

Antes de proseguir, es recomendable visualizar cómo se ve el anuncio, por si después se quiere realizar alguna modificación.

Y es que a través de un vistazo se puede contemplar el formato, cómo el usuario apreciará la publicación y, además es posible evaluar si la descripción se ha escrito adecuadamente (sin errores ortográficos, buena gramática y estructuras verbales, etc.).

Toda esta inspección visual se realiza con la finalidad de asegurarse de que el anuncio esté bien realizado, antes de comenzar a crear el público.

- **Geolocaliza o segmenta la audiencia**

Una vez que se haya creado y verificado que el anuncio no posee fallos, es la hora de seleccionar a quién se desea dirigir la campaña publicitaria, tomando en cuenta aspectos relevantes para la segmentación como: país, rango de edad y gustos.

Facebook Ads también facilita la geocalización de la audiencia, conforme a otras características como sus intereses, determinar si la campaña se va a dirigir solamente a los seguidores de la fanpage y sus amigos. Incluso es posible ampliar el espectro con la utilización de filtros más concretos que la plataforma brinda.

Geolocalizar el tráfico con Facebook Ads: ¿Cómo hacerlo?

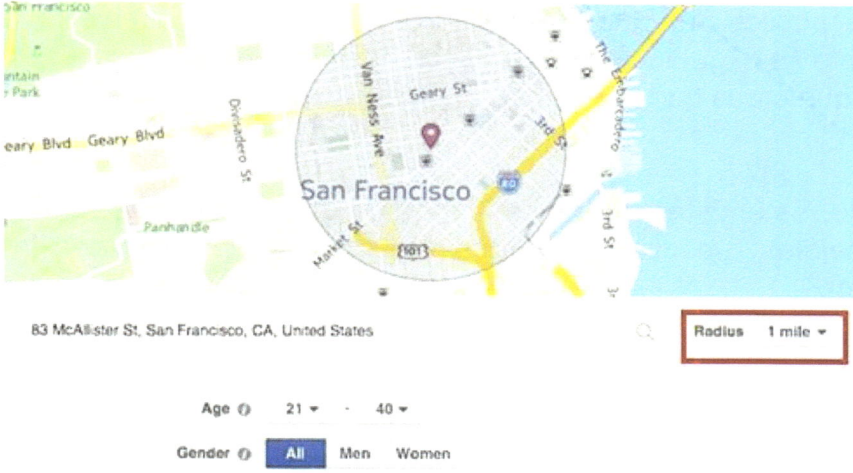

Una de las causas por las que no se logran los resultados esperados con las campañas publicitarias que se ponen en marcha en Facebook Ads, es porque no se segmenta de forma correcta.

Ya que el error más común que se comete con esta plataforma es mostrar los anuncios a personas que no tienen ningún interés con el servicio o el producto que se ofrece, haciendo que se reduzca la Tasa de Conversión en Clicks (CTR) de la publicación y además, incrementa el coste.

Por ello, es imprescindible tener totalmente claro a quién se va a dirigir los anuncios. Lo ideal es tener bien precisados los avatares (el prototipo de cliente ideal de un producto o servicio), así que este es un paso muy importante, debido a que solamente será útil para las campañas publicitarias que se hace en Facebook Ads.

¿Qué herramienta usar para facilitar el proceso de geolocalización?

Facebook Audience Insights puede ayudar a las marcas a conocer su target, gracias a que permite conocer más detalles acerca de la audiencia, como: género, edad, estados de sus relaciones, educación, cargos de trabajo, intereses, localización, entre otros elementos.

Secretos para utilizar los públicos personalizados

Cuando se publica un anuncio en Facebook Ads por primera vez, lo más recomendable es geolocalizar la audiencia por intereses, escogiendo los segmentos que creas que estén más vinculados con el público objetivo de la firma.

Sin embargo, este sistema permite ir más de allá, por lo que se puede intentar obtener mejores resultados segmentando por medio de los públicos personalizados.

Para lograr esto, lo mejor es utilizar como target a los usuarios que visitan el sitio web de la marca a través de un público personalizado o crear una audiencia similar, de esta forma Facebook realizará una búsqueda de los internautas que tengan gustos, intereses y conductas semejantes a las de los clientes que la firma posee.

En consecuencia, mostrarles anuncios publicitarios a los usuarios que aún no son seguidores de la fanpage y que en alguna ocasión visitaron la página de la marca, es una buena estrategia que puede ayudar a conseguir los objetivos de la empresa, como por ejemplo; atraer tráfico.

Estas pueden ser las audiencias a las que un negocio puede orientar sus campañas de Facebook Ads:

- A los seguidores de su fan page.

- Al público creado conforme a la base de seguidores.

- A los fans que muestran interés por el servicio o producto.

- A la audiencia personalizada que se ha obtenido a través de los usuarios que anteriormente han visitado la página.

- A los seguidores de otras fanpages.

- A la audiencia similar que se ha creado, partiendo de los internautas que han visitado el sitio web de la firma.

Otro secreto es orientar la campaña a una audiencia bastante amplia, ya que mientras más extensa sea, más posibilidades hay de que el precio de la publicidad sea menor.

Y para complementar la estrategia también es recomendable crear una serie de anuncios dirigido a un público más reducido.

- **Iniciar la campaña**

Tras determinar el anuncio y geolocalizar, es momento de poner en marcha la campaña, por lo que se debe escoger el gasto diario, así como evaluar la estrategia publicitaria, programarla y colocar la fecha de inicio y finalización, con la inversión que la marca crea idónea.

No es imperativo invertir un mínimo, puedes pagar por clics o por impresiones, como se prefiera.

Además, en caso de que se desee realizar alguna modificación en la campaña, sea porque se requiere hacer una optimización, un cambio de creatividad o mensajes, la firma puede congelar y reactivar la estrategia de publicidad las veces que quiera.

Por otra parte, en las estadísticas que muestra Facebook Ads es posible observar las publicaciones que están activas y las rechazadas.

Esta plataforma también cuenta con un gestor conocido como 'Ads Manager', que permite realizar un seguimiento completo acerca de cómo se está desarrollando la campaña, a fin de determinar si es necesario hacer un ajuste o algún cambio.

¿Qué tipo de negocios pueden sacarle más provecho a Facebook Ads?

Si bien Facebook Ads es un medio publicitario que puede funcionar en cualquier empresa consolidada, que desee fortalecer su presencia en internet, las pymes son las que más pueden sacarle provecho a este sistema, planificando una inversión apropiada.

¿Por qué? Pues con poco presupuesto, estas pequeñas y medianas empresas pueden alcanzar una audiencia considerable, además si logran segmentar o geolocalizar de manera correcta, también pueden conseguir resultados interesantes.

8.- Ingreso .api en Facebook

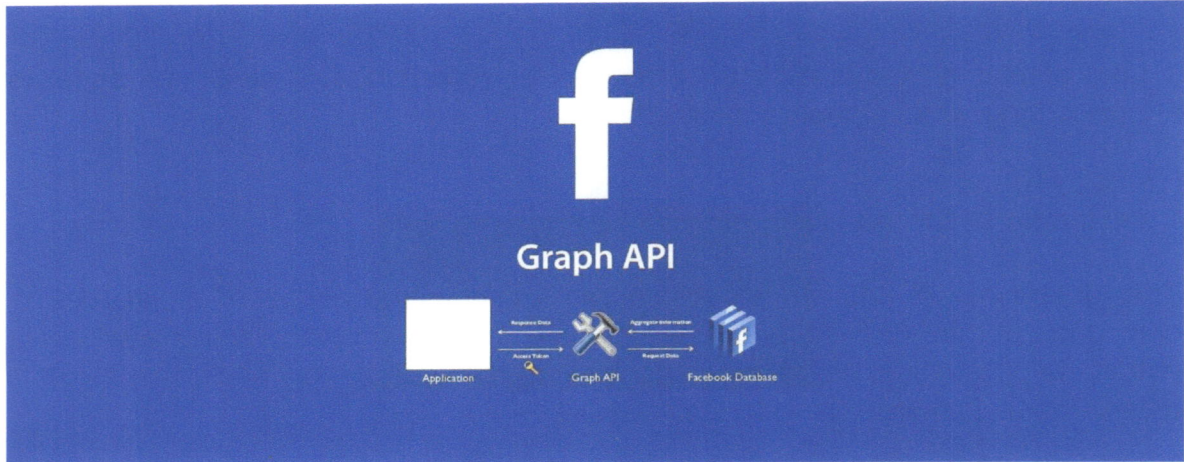

La API (siglas que en español significan, Interfaces de Programación de Aplicaciones) consisten en una serie de reglas y especificaciones, de las cuales, las aplicaciones pueden regirse para poder comunicarse entre sí.

En este sentido, funcionan como una interfaz entre distintos programas de la misma forma en que la interfaz de usuario provee la interacción humano-software.

En otros términos, la API es una interfaz que solamente le proporciona un rostro al software, es decir, el usuario realmente no puede ver las API en proceso de funcionamiento, pero sí es posible que aprecien los detalles de sus acciones.

Y es que los interfaces de programación de aplicaciones, permiten que Facebook, Twitter, y Candy Crush se comuniquen sin que los internautas tengan que intervenir, e inclusive percatarse.

Por ejemplo; cuando un usuario efectúa una compra de boletos a través de la página web de un cine e incluye la información de su tarjeta de crédito, el portal emplea una API para enviar estos datos de manera remota a otro programa que verifica si la información es correcta.

Luego que se confirma el pago, la aplicación procede a enviar la información al site del cine, dándole un 'Ok".

En síntesis, en todo este proceso, el internauta solamente observa la cara del proceso, la página del servicio, pero no es capaz de observar la comunicación que se origina con las otras aplicaciones, gracias a las API.

La API y su influencia en el social media marketing

Pueden servir para comunicarse con el sistema operativo (WinAPI), con protocolos de comunicaciones (Jabber/XMPP) o con bases de datos (DBMS).

Sin embargo, en los últimos años, las API se han ido incorporando en otras plataformas online (WordPress, Google Maps…) y en redes sociales como: Facebook, haciendo que el social media marketing sea una tarea más simple, rastreable, incluso más rentable.

En efecto, las API cada vez son más empleadas para generar la intercomunicación entre diferentes aplicaciones. Pero, ¿qué funcionalidad tienen en Facebook?

API: Facilita el desarrollo de aplicaciones en Facebook

Básicamente, las redes sociales se pueden monitorizar dado el intercambio de contenidos entre los usuarios.

Sin embargo, Facebook logra optimizar este perfil participativo tras permitir que las personas fortalezcan la plataforma con el desarrollo de aplicaciones, ya sea añadiendo nuevas funciones,o mejorando las que ya existen.

Sin embargo, también hay otras aplicaciones, destinadas al entretenimiento, que se emplean oportunamente para llevar a cabo campañas de marketing online.

Las capacidades son casi ilimitadas para los desarrolladores que usan la API de Facebook, es decir, un cúmulo de funciones y procedimientos que les permiten desarrollar programas que pueden marchar sobre la plataforma de esta red social.

Facebook brinda dos lenguajes propios:

- FQL: sirve para efectuar consultas acerca de bases de datos.

- FBML: hace posible integrar la aplicación a la experiencia del usuario. Sin embargo, este lenguaje está siendo apartado por lo desarrolladores para reemplazarlo por HTML.

¿Qué se necesita para ingresar a la API de Facebook?

Para programar es necesario instalar la aplicación para desarrolladores de Facebook.

Este programa permitirá hacer una configuración en el programa, incluyendo el nombre, las restricciones de uso, y lo más indispensable, la dirección en dónde se alojará ésta, debido a que se tiene que disponer de un servidor propio.

Después se deben descargar las bibliotecas PHP pertinentes para conectarse a la API de Facebook, y una vez que se pueda ingresar a esta interfaz, es importante subir al servidor dos archivos primordiales:

- Facebook_config.php: contiene los datos de autenticación de la aplicación y permitirá a los programadores obtener los datos del internauta que la use.

- Index.php: se encargará de contener -expresamente- la aplicación.

Luego de que se haya subido la aplicación, se puede ingresar a ésta por medio de las canvas page: la página en la que el programa aparece integrado a la plataforma de la red social.

Finalmente, el usuario tendrá que proporcionar a la aplicación los permisos necesarios para usar el perfil, compartiendo contenido en su muro, publicando información con sus amigos o guardándola.

¿Qué se puede hacer con la API de Facebook?

La API de Facebook se puede usar para crear aplicaciones recreativas, pero ¿esta interfaz puede utilizarse solamente para crear juegos con objetivos comerciales? No, pues el abanico es extenso:

- **Aplicaciones dentro de Facebook**. Consiste en aquellas aplicaciones que solicitan el ingreso a algunas características de la cuenta del usuario para que se puedan usar en el contexto de la plataforma. En este grupo entran:

- Juegos: son muy conocidos dentro de la red social, por ello, muchas marcas se encargan de crear aplicaciones de características lúdicas para poner en marcha campañas fundamentadas en concursos, donde el usuario que acumule una mayor puntuación es galardonado con un premio. Mayormente, funcionan sobre trivias o consignas a cumplir.

  Por otro lado, las marcas desarrolladoras de videojuegos se inclinan por crear juegos de estrategias o casuales.

- Utilidades: se trata de las aplicaciones que añaden herramientas a Facebook y pueden tener distintas funciones, como por ejemplo: eliminar los anuncios publicitarios de la plataforma, conocer quién te eliminó amigos, cambiar la apariencia del perfil, editar las fotos, agregar nuevos emoticones a los mensajes, entre otras.

- Aplicaciones externas: son aquellas, que a pesar de solicitar un inicio de sesión con los datos de Facebook, están diseñadas para funcionar desde un sitio web externo y no dentro de la red social.

  En su mayoría, estas aplicaciones efectúan análisis de métricas acerca de una cuenta en específica.

- **Facebook para sitios web**. Se puede integrar un sitio web con Facebook de dos formas:

- Plugins: anteriormente se pudo contemplar que es bastante sencillo añadir a un sitio web características propias de Facebook, como formularios de comentarios para las entradas de un blog, botones de 'Me gusta', 'Compartir, 'Seguir', así como también es posible integrar una caja que exhiba información de una fanpage.

- Sitio web como aplicación: se puede registrar un sitio web como una aplicación dentro de la red social. De esta forma, cuando el usuario comparta la página de una marca, se podrá mostrar información extra acerca de la empresa.

- Apps para móviles. Se trata de las aplicaciones nativas para iOS o Android, que no necesitan un navegador web. Mayormente, pertenecen al grupo de utilidades.

En todas sus formas, la API de Facebook fortalece la experiencia de los usuarios que usan esta red social, además puede proporcionar un valor agregado a las marcas que pretenden consolidar su producto a través de esta red social o se plantean como objetivo principal atraer tráfico a su página.

Las principales API que Facebook pone a disposición

Un elemento que hace especial a Facebook, respecto a su competencia en el campo de la social media es su extenso uso en la construcción de la plataforma del sitio, así como las características y aplicaciones con software de código abierto.

Teniendo en cuenta la corriente del código abierto, Facebook comparte una gama de API o interfaces de programación de aplicaciones, que además los desarrolladores de las marcas pueden utilizar para sacarle más provecho a la red social y ampliar las aplicaciones y sitios web.

Ahora bien, entre las principales interfaces de programación de aplicaciones que esta plataforma ofrece, se incluyen:

- **Graph API**

Se trata de la API más empleada de Facebook, y traza el gráfico social para todas las conexiones entre los usuarios, eventos, páginas, fotos, mensajes y likes.

Tocar el gráfico social Facebook hace posible a las aplicaciones web, interactuar con los datos en diversas maneras.

Por ejemplo, se pueden recibir los mensajes más recientes de una persona, así como ingresar y descargar un álbum de fotografías y descubrir el 'me gusta' más popular en todo Facebook.

Además, el Graph API incorpora una función de búsqueda que permite analizar y recuperar estos datos de una forma fácil, pero para ello, los datos del usuario deben ser públicos y, en caso de ser privados, la aplicación requerirá un acceso de la red social de Mark Zuckerberg para obtener el permiso del usuario.

- **Credits API**

Los Créditos de Facebook se basan en un sistema de pagos internos de la red social para comprar artículos de aplicaciones, servicios y mucho más. Fundamentalmente, consiste en un crédito que le brinda al usuario la oportunidad de comprar bienes digitales dentro de una aplicación de la plataforma.

Con esta interfaz de programación de aplicaciones, los desarrolladores pueden ubicar un botón 'Pagar con Facebook' en su juego, invitando a los internautas a comprar sus productos virtuales.

Por otro lado, los Credits API engloban dos elementos: el sistema de créditos de fondo y frontal. Este último controla todo los componentes que los usuarios de Facebook visualizan, mientras que la API de servicios de fondo se emplea para gestionar los créditos recibidos y publicar actualizaciones de estado en representación del usuario.

- **El Ads API**

Destaca por ofrecerle a los desarrolladores y marcas de alta envergadura, la capacidad de construir sus propias aplicaciones con la finalidad de cubrir sus necesidades o requerimientos publicitarios.

El Ads API funge como una alternativa a la utilización de la herramienta Gestor de Publicidad de la red social, que además es libre de usar y permite gestionar los anuncios de manera predeterminada.

Para poder utilizar esta API de anuncios, una persona o marca tiene que estar de acuerdo con los términos y condiciones que se establecen, independientemente de que el usuario se ubique en la lista blanca de la API.

De no ser así, los desarrolladores o vendedores no podrán tener acceso a la interfaz de la aplicación.

- **Chat API**

Esta API de Facebook posibilita a los programadores, integrar la función de la red social de forma directa en una aplicación fundamentada en web o en escritorio.

La mensajería instantánea entre los usuarios de esta plataforma se puede hacer posible con el protocolo XMPP y servicio Jabber.

La API de chat le permite a los internautas, enviar y recibir mensajes de texto sin formato, pero no los que están basados en HTML.

Además, la API hace posible que los desarrolladores puedan recuperar la foto de un usuario por medio de la tarjeta v Card o protocolos XMPP, además, al recuperarse el archivo, éste se puede usar como imagen de perfil de la conversación.

¿Cómo usar la API de Facebook?

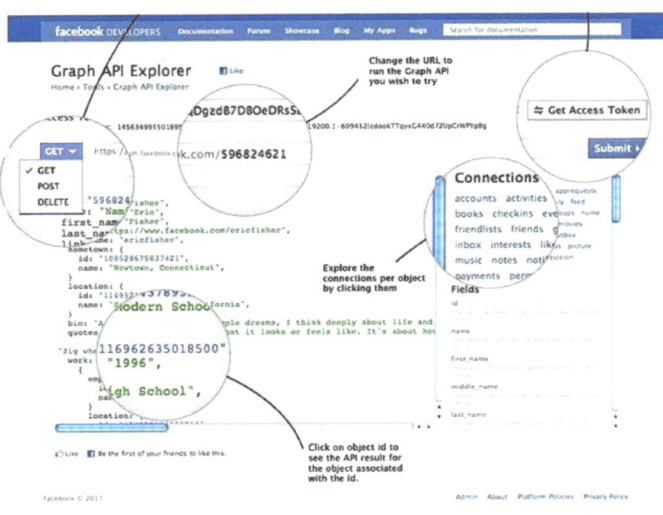

La API de Facebook se puede usar en PHP para medir la notoriedad de un sitio web o una página en Facebook.

Esencialmente, con el propósito de obtener 'Me gustas', comentarios, acciones de compartir y lograr clics recibidos por un sitio web en Facebook. Para ello, utiliza este código en PHP, reemplazando la URL que está en negritas:

```php
$query = "select
total_count,like_count,comment_count,share_count,click_count from
link_stat where url= 'wwww.antoniozambrano.com'";
$call =
"https://api.facebook.com/method/fql.query?query=
" . rawurlencode($query) . "&format=json";


$ch = curl_init();
curl_setopt($ch, CURLOPT_URL, $call);
curl_setopt($ch,
CURLOPT_RETURNTRANSFER, true); $output =
curl_exec($ch);
curl_close($ch);
$stats =
json_decode($output);
var_dump($stats);
```

Es crucial puntualizar que conforme a la métrica que la marca quiera extraer, se deben usar distintos códigos:

Para contar los 'Me gusta' de un sitio web en Facebook:

Se debe agregar el siguiente código PHP si se requiere recuperar el número de 'Me gusta' de un sitio web en la red social:

```
$likes = $stats-
>like_count; echo
$likes;
```

Para contar los comentarios de un sitio web en Facebook:

En caso de que se desee recuperar el número de comentarios de un sitio web en Facebook, se recomienda añadir este código PHP:

```
$comments = $stats-
>comment_count; echo
$comments;
```

Para contar los 'Compartir' de un sitio web en Facebook:

Si se necesita un código PHP para recuperar el número de acciones de 'Compartir' de un sitio web en Facebook, agregue el siguiente:

```
$shares = $stats-
>share_count; echo
$shares;
```

Para contar los clics de un sitio web en Facebook:

Copia y pega el siguiente código PHP a fin de recuperar el número de clics de un portal web en Facebook:

```
$clicks = $stats-
>click_count; echo
$clicks;
```

¿Por qué son valiosas las API de Facebook?

Las API poseen un valor inconmensurable, principalmente, porque permiten hacer uso de funciones que ya existen en la plataforma de Facebook, sin necesidad de estar reinventando la rueda continuamente, reutilizando de esta forma, el código que ya está probado y funciona sin problemas, un aspecto favorable para las marcas que desean sacarle provecho a este red social en pro de alcanzar sus objetivos de marketing online.

9.- Conectar Facebook con tu Blog

A raíz de la invención del internet,el mundo corporativo ha dado un giro muy importante en torno a sus estrategias de marketing.

Sin embargo, hoy no basta solo con que las marcas tengan presencia en la social media, ya sea copiando o vinculando los contenidos existentes en las páginas o blogs, sino que también es imperativo que usen las redes sociales para crear nuevos canales comunicacionales con los consumidores.

Dado al potencial y el número de usuarios que utiliza Facebook, esta plataforma ha pasado a ser un de las herramientas más importantes para los negocios. Por ello, las marcas no solamente están utilizando esta red social para promocionar sus productos o servicios, también la emplean con el propósito de atraer tráfico a sus blogs y viceversa.

¿Para qué? Todo esto para alcanzar la mayor presencia posible en el extenso mundo digital. En efecto, conectar Facebook con un blog es una de las estrategias de marketing online que mejor funcionan para brindarle mayor visibilidad a los negocios en la web.

¿Por qué conectar Facebook con una página web y viceversa?

Uno de los motivos principales para conectar un blog con Facebook o viceversa es la rentabilidad. Es posible que el tiempo no alcance para trabajar con estas plataformas de manera independiente, pues vincularlas y retroalimentarlas puede traducirse en una mayor productividad.

Por consiguiente, hacer esta conexión le permite a las marcas ahorrar esfuerzos y tiempo, puesto a que el contenido que se vaya compartiendo en el blog, aparecerá automáticamente en el muro de Facebook, sin necesidad de ingresar en esta red social.

Además, uno de los puntos más favorables de la vinculación, es que se puede realizar la configuración una sola vez, y a partir de ese momento no será necesario incurrir en otro proceso de estas características.

Aspectos positivos de retroalimentar Facebook con tu blog

Respecto a la funcionalidad del sistema de comentarios, la conexión entre ambas plataformas genera un crecimiento en el tráfico del blog, gracias a que se produce un circuito de retroalimentación entre Facebook y el sitio web.

¿Qué significa esto? Pues los comentarios realizados en Facebook también se muestran en el blog, permitiendo invitar a una mayor cantidad de usuarios a que se unan a la conversación. De esta forma, los internautas que comenten desde la red social atraerán a otros usuarios al sitio web.

Por otro lado, se puede afirmar que esta retroalimentación es prácticamente libre de spam, debido a que se necesita un perfil de Facebook o fanpages para poder emitir un mensaje.

Cómo conectar un blog a Facebook

Hay diversas maneras de conectar el blog con Facebook, la primera es colocando un ícono para que los usuarios puedan ingresar directamente al muro de la red social o poner también un plugin que exhiba el número de fans o las últimas actividades que se han realizado en la plataforma creada por Mark Zuckerberg.

¿Qué elementos tengo que utilizar para conectar mi blog con Facebook?

Cuando a un usuario le agrada el blog de una marca o de una persona, es natural que desee obtener más información acerca de la empresa o del individuo, así que lo más probable es que intente indagar más, recurriendo a las cuentas de redes sociales, principalmente Facebook.

Ahorrarle este procedimiento al consumidor es bastante sencillo, solamente se deben situar enlaces en el blog que dirijan a Facebook. Así que estos son los elementos que se tienen que usar para efectuar la conexión entre ambas plataformas digitales.

- **Coloca un botón a la vista del usuario que conduzca a la red social**

Ubicar en el blog unos cuantos íconos de forma estratégica y que sean bien visibles con el logo y algunas funcionalidades de las redes social, facilitará el proceso para que los potenciales clientes encuentren en la fanpage de la marca o el perfil de Facebook de la persona.

Es recomendable colocar estos botones en la parte superior del blog, especialmente al costado derecho del sitio.

También es importante que estos íconos incluyan una llamada a la acción, por ejemplo; que inviten al usuario a seguirte o que se haga fans en Facebook para que éste haga clic y conozca la cuenta de la firma.

- **Puedes usar un plugin social de Facebook**

Existen plugins sociales que Facebook pone a disposición de los bloggers y las empresas, para que los usuarios entren a la red social desde el blog, además incorporan funcionalidades con el fin de que los lectores puedan compartir información e interactuar con la marca sin tener que salirse del sitio web.

Entre tantos plugins que hay, uno de los más prácticos es el 'Like Box', pero tiene múltiples formas de configurarlo, sea mostrando u ocultando fotografías de los fans, enseñando el 'stream', entre otros, pero uno de los más funcionales es el siguiente:

- Al hacer un clic: con pulsar -desde el blog- en el botón 'Me gusta', el usuario podrá convertirse en fan del sitio web, además recibirá las actualizaciones del Facebook en su muro.

- Reconocimiento social enseñando las fotos de perfil de los seguidores actuales: si los internautas visualizan que existen usuarios que se hicieron fans de la página, tendrán una mejor decisión para hacer clic sobre el enlace 'Me gusta'.

¿Dónde ubicar estos botones?

Una opción bastante viable es situarlas al final del texto, pero esto dependerá de si la persona o la marca considera que lo mejor es que el usuario tome la decisión de compartir el contenido, una vez que se haya informado acerca del producto o el servicio.

- **El botón 'Compartir'**

Otra opción por la que una marca se puede inclinar para situar una barra de íconos, es en la parte superior del sitio web, incluyendo botones para compartir el contenido en Facebook y otras redes sociales.

Vale resaltar que el enlace de 'Compartir' está diseñado para promover el marketing viral, pues cuando un cliente utiliza este botón, comparte el contenido del blog con el propósito de que sus amigos o seguidores puedan observarlo, alcanzado -de esta forma- una mayor difusión.

Sin embargo, existen distintos sitios para colocar estos botones: debajo del título de la información y en la parte lateral o superior del blog. En síntesis, puede situarse en donde la marca o la persona lo crea que será más práctico para el usuario.

Claves de la conexión entre un blog y Facebook:

- Se debe conectar el blog con Facebook para generar un nuevo canal de comunicación.

- Ubica un ícono bastante visible que dirija al perfil o al fan pages de la marca.

- Usa el plugin social a fin de proporcionarle mayor visibilidad al blog y obtener seguidores con un solo clic.

- Agrega botones para compartir contenido con el objetivo de que los usuarios hagan marketing viral.

Conectar Facebook a tu Blog, pasos a seguir:

Los blogs tienen tecnología RSS, un método que permite a las marcas a que distribuyan de manera automática los contenidos de un portal.

Normalmente este archivo se puede localizar pulsando en su ícono -que simula una especie de antena- y que además se puede encontrar en la mayoría de los blogs.

- **Localizar y copiar dirección del archivo RSS**

Al localizar el ícono RSS, haz clic sobre él y por defecto, conducirá al archivo RSS. Luego selecciona desde la barra de direcciones el URL de este archivo.

- **Abrir aplicación RSS Graffiti en Facebook**

El siguiente paso es dirigirse al buscador de Facebook para introducir el texto 'RSS Graffiti'. Sin embargo, hay que ser muy precavido debido a que esta red social ofrece diversas opciones, de manera que se debe escoger la que se encuentra en la categoría 'Aplicaciones'.

En este punto, ya dentro de la aplicación RSS Graffiti, éste hará posible que conectes el muro del perfil de Facebook o el fan pages con el blog.

Pero, se debe tener en cuenta que si en esa instancia, se está logueando la cuenta de Facebook como página, la aplicación te solicitará que pases a la opción de perfil personal para poder configurar RSS Graffiti. En este caso haz clic en continuar y realiza la conexión desde el perfil personal.

- **Configurar RSS Graffiti**

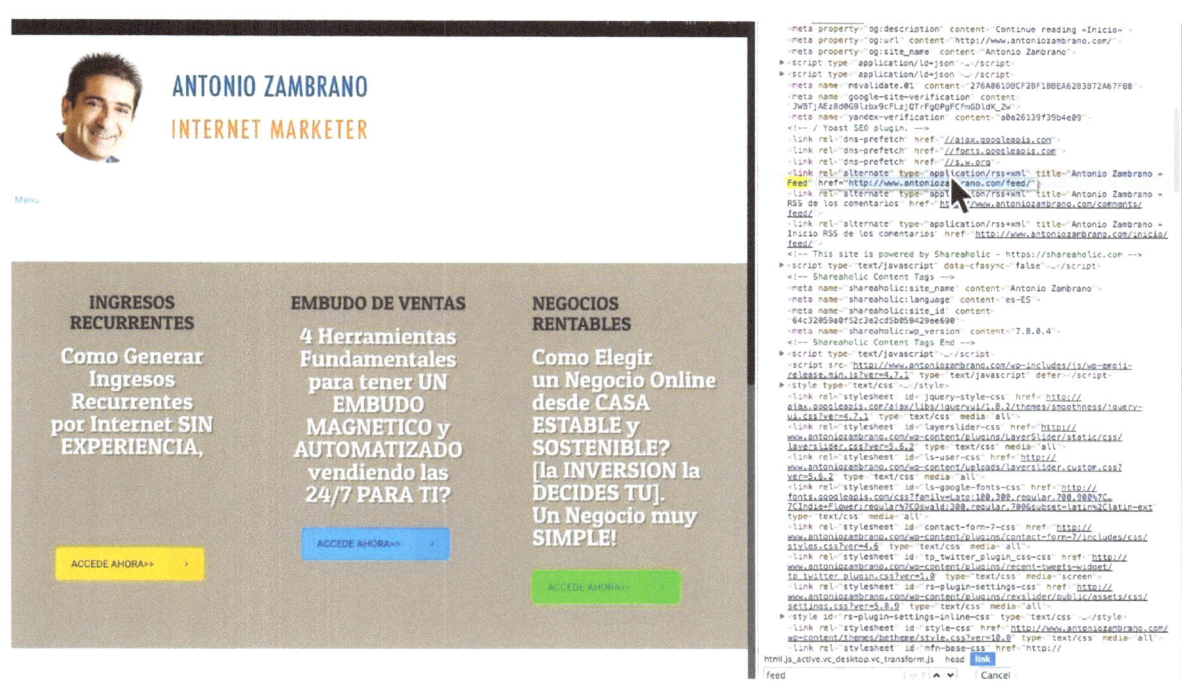

Dado a que aún te encuentras dentro de la aplicación, es indispensable seleccionar con que muro deseas vincular tu blog, es decir, con el perfil personal o con el muro de la página de fanpage de la marca, de la cual tienes que ser administrador, de lo contrario, no será posible.

Después de elegir el muro donde se van a apreciar los enlaces, pulsa el botón 'Add feed' que se encuentra en la primera pantalla.

Una vez acá, se tiene que introducir en la casilla 'Feed URL' la dirección que se ha copiado anteriormente, en efecto, la dirección RSS del blog, así como también se debe escribir el nombre que se desea que aparezca en el muro debajo de cada enlace, y listo.

Acá ya se ha realizado la conexión del Facebook con el blog de forma automática. Esto implica que cada vez que se haga una entrada, aparecerá instantáneamente un enlace desde la red social hacia el sitio web.

Cabe resaltar que la RSS Graffiti se puede configurar para que realice comprobaciones de nuevas entradas cada 30 minutos, una o dos veces al día, etcétera. Incluso es posible configurarlos para que arroje el enlace con la opción 'as soon as possible', que en español significa 'tan pronto como sea posible',

Seguramente no tardará menos de 20 minutos en publicar el enlace en el muro de la fanpage o el perfil.

Estrategias para que Facebook y tu blog se alimenten adecuadamente

Es importante recordar que retroalimentar Facebook con un blog o viceversa, es ideal para incrementar el tráfico del sitio web y proporcionarle mayor visibilidad a la marca en las redes sociales, y ¿qué mejor opción que Facebook?

Sin embargo, hay algunos puntos que son de vital importancia cuando se pretende alimentar ambas plataformas recíprocamente, por ello, se recomienda tomar en cuenta las siguientes estrategias:

Crea un grupo o únete a otros ya existentes

Para fomentar la retroalimentación entre Facebook y el blog, se puede optar por crear un grupo relacionado con los productos o el servicio que ofrece la marca. Luego, invita a los usuarios a que se unan.

También se recomienda buscar grupos asociados con la temática del blog, para unirte a ellos con el fin de que participes en las conversaciones. Puedes enviar invitaciones a los amigos o a los seguidores de Facebook.

Se constante

No se debe crear una fanpage en Facebook o un grupo para que después no se comparta contenido en estos espacios.

Para que el objetivo de atraer tráfico al blog sea viable y funcione, es imprescindible actualizar el estado activamente, participar en conversaciones, compartir información relevante acerca de la marca y relacionarse con otros usuarios.

Establece alianza con otros blogs

Una forma de alimentar tu Facebook es generando alianzas con otros blogs similares, con los que puedas compartir contenido importante y relacionada con la temática del sitio web o la marca. Por ejemplo; participar como invitado en otro blog. Esta una manera de explorar otros terrenos y llegar a otras audiencias.

Esto hará que el tráfico del blog incremente, siempre y cuando el contenido compartido en el sitio web sea de interés para los usuarios, un aspecto que los estimulará a escudriñar más acerca de la firma y se verán en la necesidad de ingresar a la fanpage, de manera que le darán clic a los botones que se han colocado en el blog.

Realiza entrevistas

Los contactos de ilustres personajes que conozcan la importancia del producto o servicio que ofrece la marca, puede ser de gran ayuda para alimentar la fanpage desde el blog o viceversa, ya que un post de estas características le proporciona prestigio y genera interés en los usuarios por obtener más información acerca de la empresa.

Un factor que no se puede obviar es la de humanizar estas estrategias, pues los usuarios en internet cada vez prestan más atención al componente humano, que al elemento comercial.

Por lo tanto, se aconseja combinar las actualizaciones de estado y contenido con información promocional y experiencias de los clientes o el personal, asociadas con el servicio o el producto de la marca.

Ha sido un placer haber creado esta guía que te pueda ayudar a ti y muchas personas a DINAMITAR Facebook y conseguir los sueños a través de las redes uniendo a las personas.

No dudes un momento si puedo ayudarte escribe a contac@antoniozambrano.com

Si te ha servido Dinamitando Facebook, Clic Aquí y dame un like en mi fanpage

www.antoniozambrano.com